100 Seiten sind genug

Auswahl und Redaktion: Günther Eisenhuber und Harald Gschwandtner
Umschlaggestaltung: BoutiqueBrutal.com
Druck und Bindung: GGP Media GmbH, Pößneck
ISBN 978-3-99027-416-3

100 Seiten sind genug

Weltliteratur in
1-Stern-Bewertungen

Mit einem Text
von Elias Hirschl

JUNG
UND
JUNG

Elias Hirschl
Was sie wollen [*]

Sie wollen, dass das Buch in zwei bis drei Tagen geliefert wird.

Sie wollen, dass das Buch noch am selben Tag geliefert wird.

Sie wollen, dass das Buch überhaupt geliefert wird.

Sie wollen, dass das Buch nicht komisch riecht.

Sie wollen, dass der Einband nicht beschädigt ist.

Sie wollen, dass das Papier nicht bibeldünn ist.

Sie wollen keine zehn Euro für dieses Taschenbuch ausgeben.

Sie wollen keine zwanzig Euro für dieses Hardcover ausgeben.

Sie wollen, dass das Buch keine Flecken hat.

Sie wollen ein unbeflecktes Buch.

Sie wollen, dass das Buch leicht verständlich ist.

Sie wollen, dass das Buch nicht zu banal ist.

Sie wollen etwas aus diesem Buch lernen.

Sie wollen, dass das Buch sie nicht belehrt.

Sie wollen, dass nicht zu viele Stellen auf Latein vorkommen.

Sie wollen, dass sie nicht etwas erfahren, das sie gar nicht erfahren wollten.

Sie wollen keine Gewalt.

Sie wollen keine Sexszenen.

Sie wollen mehr Sexszenen.

Sie wollen mehr Gewalt.

Sie wollen keine elendslangen Beschreibungen von einer Frau, die Kartoffeln schält.

[*] *Der folgende Text basiert ausschließlich auf 1-Stern-Amazon-Bewertungen von Büchern.*

Sie wollen kein Buch für ihre Kinder kaufen, das eigentlich gar nicht für ihre Kinder geeignet ist, und jetzt weinen diese.

Sie wollen, dass das Buch bei ihren Kindern nicht zu einer furchtbaren Verwirrung des Geistes führt.

Sie wollen, dass »Der kleine Prinz« keinen Selbstmord enthält.

Sie wollen, dass »Der kleine Prinz« nur aus der Zeile »Man sieht nur mit dem Herzen gut« besteht.

Sie wollen, dass »Der kleine Prinz« eine Postkarte ist, mit der Zeile »Man sieht nur mit dem Herzen gut« darauf.

Sie wollen, dass Kinderbücher ihre Kinder nicht schockieren, im Allgemeinen wollen sie nicht, dass ihre Kinder schockiert sind.

Sie wollen, dass »Harry Potter« nicht so primitiv illustriert ist, und das ist das einzige Problem, das sie mit diesem Buch und dieser Autorin haben.

Sie wollen, dass das Buch die Erwartung erfüllt, die seine Verfilmung verspricht.

Sie wollen, dass das Buch nicht so unsympathisches Glanzpapier hat.

Sie wollen, dass erwachsene Menschen überhaupt nicht mehr Fantasy lesen, weil das nur noch traurig ist.

Sie wollen, dass nicht so ein Gedöns um eine Fantasiefigur gemacht wird, die es, Achtung, gar nicht wirklich gibt.

Sie wollen nicht, dass im Talmud so viele Rabbiner zitiert werden.

Sie wollen, dass der Koran nicht so eine bekehrende Religion ist.

Sie wollen, dass der rote Faden durch die Bibel hinweg erkennbar bleibt.

Sie wollen, dass die »Odyssee« nicht in Reimen erzählt wird.

Sie wollen, dass Goethe nicht 60 Jahre für ein einziges Stück braucht.

Sie wollen, dass, wenn sie die »Hamlet«-Hörbuch-CD auf ihrem PC starten, nicht ein Inhaltsverzeichnis in einer fremden Sprache erscheint, woraufhin sie die 2. Szene und den 2. Auftritt starten und, nachdem sie sich mit Hilfe des Reclam-Heftes Orientierung verschafft haben, feststellen mussten, dass der berühmte Monolog von Hamlet eigentlich im 4. Aufzug in der 3. Szene (Sein oder Nichtsein) auf der CD gar nicht enthalten ist, sondern im 3. Aufzug in der 2. Szene (Titel Nr. 8), und wenn sie das vorher gewusst hätten, hätten sie sich aber dreimal überlegt, ob sie diese CD wirklich kaufen wollen.

Sie wollen sich ja gar nicht aufregen.

Sie wollen, dass »Mein Kampf« von Adolf Hitler nicht so verteufelt wird.

Sie wollen, dass nicht so ein Hype um dieses Buch gemacht wird.

Sie wollen, dass dieses Buch nicht um ganze 70 Euro mit einer Auflage von gerade mal 4000 Stück verkauft wird, seit das Urheberrecht abgelaufen ist.

Sie wollen all diese kritischen Kommentare in der Neuausgabe von »Mein Kampf« nicht.

Sie wollen, dass ihnen das Buch nicht von linkslinken Akademikern kaputt gemacht wird.

Sie wollen, dass Historiker nicht immer ihren Senf dazugeben müssen.

Sie wollen, dass der Pappschuber stabil ist und die Kanten nicht so stumpf geschnitten.

Sie wollen, dass, wenn sie den »Mythos des Sisyphos« als

Kindleausgabe kaufen und in den folgenden sechs Jahren dreimal den Kindle wechseln, das Buch nicht ein drittes Mal herunterladen müssen, was eine Unverschämtheit ist, zumal der Kindle-Preis dem eines gedruckten Buches entspricht.

Sie wollen sich ja gar nicht aufregen.

Sie wollen, dass Elfriede Jelinek in ihnen nicht nur ein Gefühl des Ekels auslöst.

Sie wollen »Die Klavierspielerin« ja wirklich lesen.

Sie wollen von ihrem Freundeskreis ja nicht für dumm gehalten werden.

Sie wollen der Protagonistin gegenüber Gefühle hegen.

Sie wollen, dass die einzigen Gefühle, die sie bei der Lektüre von Jelinek entwickeln, nicht entstellend und verstörend sind.

Sie wollen, dass die Autorin nicht vorbelastet ist.

Sie wollen, dass das Buch sie nicht provoziert.

Sie wollen das Buch jetzt zurückgeben.

Sie wollen jetzt mit einem Vorgesetzten sprechen.

Sie wollen nicht nach einem Sinn suchen müssen.

Sie wollen, dass Kafka nicht immer so negativ ist.

Sie wollen, dass Kafka auch einmal lustig sein kann, zwischendurch mal einen Witz einstreuen, wär das so schlimm?

Sie wollen, dass »Der Process« ein Ende hat.

Sie wollen aufgeben.

Sie wollen das Buch in den Kamin werfen.

Sie wollen es nicht fertiglesen.

Sie wollen »Der Verschollene« lesen, oder »Amerika«.

Sie wollen, dass der Titel nicht so verwirrend ist.

Sie wollen sich jetzt nicht auch noch die letzten zwanzig Seiten reinwürgen.

Sie wollen, dass der Roman sie nicht kaltlässt.

Sie wollen, dass das Buch endlich bei ihnen ankommt.
Sie wollen nicht noch länger auf das Buch warten.
Sie wollen, dass das Buch eine Haltung hat, eine Botschaft, eine Meinung, eine Intention, eine Aussage, etwas, das ihnen sagen kann, was sie davon halten sollen.
Sie wollen einfach nur wissen, worum es geht.

★☆☆☆☆
Paul Auster: Die New-York-Trilogie

Auch Enttäuschung ist eine Form der Geschmacksfrage

Mich persönlich wundert es auf keinen Fall, dass Paul Aus-
ters Trilogie 17 Mal abgelehnt wurde, bis er einen Verleger
fand. Aber wie alles in der Welt ist auch Literatur eine Ge-
schmacksfrage.

★☆☆☆☆

Samuel Beckett: Warten auf Godot

Warten auf Erlösung …

Seinerzeit war dieses Buch schulische Pflichtlektüre. Und so sah auch ich mich gezwungen, dieses sinnlose Machwerk zu lesen. Ich habe es nicht vollendet, denn schon bald wurde mir klar, dass es eben darum geht: Es gibt kein Ende.

Dies ist die Botschaft dieses Buches – und sie ist so unwahr, wie sie unwirklich ist. Es geht bestenfalls darum, genau dies klarzumachen. Was aber nicht gelingt. Die Lektüre hinterlässt ein diffuses Gefühl von Unwirklichkeit. So aber lebt kein Mensch. Und deshalb ist dieses Buch eigentlich wirklich überflüssig.

Womöglich will der Autor gerade das klarmachen. Aber letztendlich gesteht er es nicht ein. Und so gibt es ein Buch, das nicht einmal seine Überflüssigkeit zu erklären vermag.

★☆☆☆☆
Thomas Bernhard: Ein Kind

Schrecklich!

Dieses Buch ist eine Zumutung! Der Inhalt mag für den ein oder anderen interessant sein ... Ich musste das Buch zu Studiumszwecken lesen ... das was das Buch so unglaublich schrecklich macht ist die Art und Weise wie es geschrieben ist! Sowas hab ich in meinem ganzen Leben noch nie erlebt! In dem Buch ist kein einziger Absatz, keine Kapitel oder sonst irgendetwas was das ganze übersichtlicher macht und es dem Leser einfacher macht! Nichts! Irgendwann hat es mich so angestrengt weil ich mich nicht mehr konzentrieren konnte!
Da sieht man mal wie wichtig Absätze und Kapitel sind!

★☆☆☆☆

Thomas Bernhard: Heldenplatz

Kotze riechen und schmecken

Das war mein Gedanke beim Lesen dieses Textes. Was soll daran politisch sein? Menschenverachtend ist er. Das Buch sagt nichts über Österreich, aber alles über den Autor aus. Ich habe mir das Buch auf Empfehlung bestellt. Gelesen war's dann schnell. Thomas Bernhard hat sich mit diesem Theaterstück übergeben. Das kann passieren. Dass dieses Erbrochene aber aufgeführt, gedruckt und weiterempfohlen wird, ist eine Schande. Die Österreicher haben sich zu Recht darüber aufgeregt. Ein Jahr später ist Thomas Bernhard gestorben. Für ihn sicher eine Erlösung.

★☆☆☆☆

Bertolt Brecht: Der gute Mensch von Sezuan

Ist halt ein Buch

Ich hasse Bücher

***

Wer stellt das Buch für den Preis rein????????

Meinem Lehrer gefällt es nicht.

***

Musskauf für die Schule

Ich habe das Buch für meinen Sohn bestellt da er es in der Schule benötigt.
Er sagt das Buch ist …

★☆☆☆☆
Georg Büchner: Woyzeck

Es ist ein Fragment! Warum sollte man es also lesen?

Dieses Stück eines Stücks, das lediglich durch offensichtliche Nicht-Vollständigkeit glänzen kann, verwirrt den Leser durch ständige Szenenwechsel, denen jeder Mensch, der nicht selbst Autor des Stückes ist, durch missleitende Bühnenanweisungen hilflos ausgeliefert ist. Mir und jedem anderen Leser kann es nur schleierhaft sein, warum dieses sich Drama zu nennen wagende Fragment ständig von Schülern der gymnasialen Oberstufe gelesen werden muss. Es zeichnet sich durch Verwirrungen erster Güte und Provokation zur Langeweile aus, während man sich für die offenbar durch »Weltliteratur« erquickten Lehrpersonen eine extraordinäre Generalidiotie herbeiinterpretieren soll.

Soweit ich mich erinnern kann, ist die gesamte Moral des Textes aus reinen inakzeptablen und nichtbegründbaren Interpretationen entstanden und trotzt somit jedem Verstehensversuch. Dieses Buch eignet sich allenfalls als Klolektüre, wenn alle Gesundheitshinweise auf Shampooflaschen schon gelesen sind.

★☆☆☆☆
Albert Camus: Der Fremde

Einfach nur Müll. Glaubt mir ;)

Langweilig bis zum Ende. Einfach nur sch ..... Schon das 2te
bestseller Buch.das kompletter Müll ist. Danke

★☆☆☆☆

Albert Camus: Die Pest

Das Schlimmste, was ich je gelesen habe

In einer französischen (?) Stadt bricht die Pest aus!
Im Laufe der ersten 50 Seiten sterben in dem Ort nur Ratten...
Leute sehen tote Ratten...
Da liegen tote Ratten...
Komische tote Ratten...
Dann sterben Menschen...
Hier sterben Menschen...
Da sterben Menschen...
Noch ein paar Menschen...
Die Stadt wird unter Quarantäne gestellt, um das Umfeld
nicht anzustecken...
Und dann sterben noch ein paar...
Einer tragt 'nen gestreiften Pyjama...
Noch 'ne tote Ratte...
FURCHTBAR!

★☆☆☆☆
Elias Canetti: Die Blendung

Komplette Blendung

Der Anfang liest sich recht gut, aber selbst mit viel gutem Willen konnte ich das Buch nicht zu Ende lesen. Die Beschreibung einer »Welt im Kopf« kann eben sehr langatmig und langweilig sein!

★☆☆☆☆
Elias Canetti: Masse und Macht

Titel hält nicht, was er verspricht

Das Buch hat mich schwer enttäuscht... Ein Kumpel hat mir das Buch als Pflichtlektüre für Pumper wie mich empfohlen. Von »Masse und Macht« habe ich mir neue Trainingstipps erhofft, wie ich noch ein paar Kilo Muskeln aufpumpen kann. Nix davon steht in diesem Buch... nur bla bla über Machterhalt etc. Ich weiß nicht, was das für ein Typ war, der sich sowas ausgedacht hat. Aber das war bestimmt so ein Lauch... Jeder weiß, dass man nur mit Respekt Macht hat... und in meiner Truppe hat nur der Respekt, der 'nen 50er Oberarm hat... so einfach ist die Gleichung.

★☆☆☆☆
Truman Capote: Kaltblütig

Enttäuscht

Mir wurde das Buch so sehr von meiner Mutter empfohlen
(sie hatte es zuhause zwischen alten Büchern gefunden),
und bin somit mit einer großen Erwartungshaltung an das
Buch herangegangen. Von Anfang an kam ich nicht in die
Geschichte rein, sagen wir, ich habe mich durch das ganze
Buch gequält, und wäre es mir nicht ans Herz gelegt worden, hätte ich es spätestens bei Seite 40 zugeklappt.
Nichts hat mich ergriffen, klar, ein schlimmer Mord, aber
alles war so distanziert erzählt, dass es mich jedenfalls nicht
berührte. Sorry, dass ich hiermit noch eine schlechte Rezension abgebe ;-(

★☆☆☆☆

Miguel de Cervantes: Don Quijote von der Mancha

Ritterlicher Schwachsinn

Das Werk von Miguel de Cervantes ist in etwa um das Jahr 1600 entstanden. Bedauerlicherweise hat der Autor den richtigen Zeitpunkt verpasst, seine haarsträubenden Erzählungen früh zu beenden. Statt 1200 Seiten wären 240 Seiten angemessen, man könnte die langatmigen und mäßig witzigen Erzählungen dann noch ertragen. Don Q. ist hochgradig verrückt und leider ein Serientäter, der Mensch und Vieh brutal verletzt oder tötet. Einziger Lichtblick ist Sancho Pansa, sein ehrlicher und bodenständiger Begleiter. Drei Viertel des Buches sind haarsträubende »Liebesgeschichten«, die sich endlos wiederholen und absolut langweilig sind. Keine Leseempfehlung.

***

Viele Seiten machen keinen Inhalt

Einer dieser Klassiker, die einem empfohlen werden, und man muss feststellen, dass der Zeitaufwand des Lesens sich nicht lohnt. Viele Seiten machen keinen Inhalt.

★☆☆☆☆
Joseph Conrad: Das Herz der Finsternis

Nicht empfehlenswert

Das Buch ist ein langatmiger Quatsch ohne wirklichen Inhalt, ohne Aussage und ohne Pointe. Wie dieses »Werk« berühmt werden konnte, ist mir ein Rätsel. Fazit: verlorene Zeit!

***

Kaum zu glauben

dieser stil, diese Anhäufung von worten, die nichts genaues, sondern nur diffuse bedeutungshülsen transportieren, liegen mir nicht.ich mag sowas nicht.sprache ist ausdruck, ist aussage, ist Kommunikation.da gibt es eine Vielzahl von sätzen,die alles und nichts bedeuten können .auch das Thema ist nicht griffig genug, wird nur wie beiläufig durch wortgeschwall wie undurchdringbaren nebel zelebriert. ein wirklich bedeutsames thema wird so unvollkommen dargestellt. dieses Buch ein Weltklassiker ? kaum zu glauben.

★☆☆☆☆
Dante Alighieri: Die göttliche Komödie

Naja

Als Litter-atur-kritiker unerfahren. Aber was an diesem
Werke denn so dolle sein soll? Wer Fausts zweiten Teil mag,
der kommt hier wohl auf seine Kosten.

***

Krankes, mittelalterliches Weltbild

Was Dante da einem vorsetzt, ist starker Tobak. Ein Teufel,
der pausenlos die Sünder frisst, tatsächlich frisst. Und dann
die geschilderten Qualen der anderen Sünder. Dieses Buch
zu lesen, traumatisiert den Leser. Von Höllenängsten ge-
plagt und aus der Kirche ausgetreten, wirkt es auf mich re-
traumatisierend. Hat das mal jemand bedacht? Und so ein
Mist nennt sich noch Weltliteratur.

***

Fehlgriff

Ich hatte beim Bestellen vergessen, dass es sich hierbei um
ein literarisches Werk in Versform handelt.
Für mich war es daher ein Fehlgriff, als Theaterstück würde
ich es mir bestimmt ansehen.

★☆☆☆☆
Daniel Defoe: Robinson Crusoe

Unsinniger geht's nicht

Wenn ich Korrektur gelesen hätte, wäre das Buch nur 1/4 so dick; außerdem würde sich das Leben nach dem Verlassen der Insel auf ein einziges Kapitel beschränken.

***

Auf keinen Fall für Kinder

Dieses Buch ist höchstens für Erwachsene mit speziellen Interessen, zum Beispiel an der Denkweise, den Zuständen usw. der damaligen Zeit, interessant, aber nicht geeignet für Kinder, und schon gar nicht für vernunftbegabte. Ich hatte es eigentlich für meine Enkelkinder gekauft, aber für die ist es völlig nutzlos. Es sind zu viele langweilige, für Kinder uninteressante Passagen darin. Und das Schlimmste ist die Verzerrung der Logik! Auf jeder Seite beklagt sich der Protagonist über sein Schicksal – und dankt dann dem »lieben« Gott, dass es ihm noch einigermaßen gut geht, obwohl ihn ja gerade dieser sein »lieber« Gott ihn in die Misere hineinmanövriert hat! Hätte er ihn nicht trotz aller Gebete Schiffbruch erleiden lassen, hätte er ihm später erst gar nicht helfen müssen! Und was ist eigentlich mit den anderen Mannschaftsmitgliedern? Waren das alles böse Menschen, die die Rettung nicht verdient hatten? Die durften also sang- und klanglos ersaufen? Ganz sicher würden mir meine Enkelkinder dazu Fragen stellen. Wenn schon, dann besser mal eine gekürzte Ausgabe für die Kinder kaufen und beim Lesen oder Vorlesen auf die Unlogik, den verkappten Rassismus usw. hinweisen.

★☆☆☆☆
Alfred Döblin: Berlin Alexanderplatz

Eine Qual

Ein Krampf, aber ich habe das komplette Buch gelesen.

★☆☆☆☆

Heimito von Doderer: Die Strudlhofstiege

Trivial und gähnend langweilig

Dieser Roman hat mich wütend gemacht. Er ist wahnsinnig langweilig und belanglos und derart gestelzt geschrieben, dass ich mich ernsthaft frage, weshalb dieser Roman bereits 24 Auflagen erfahren hat.

Bin bei S. 545 und gebe nur aus Prinzip nicht auf. Obwohl noch ein ungelesener Franz Werfel (Jeremias – Höret die Stimme) auf mich wartet …

***

Rezeptfrei gegen Schlaflosigkeit

Es mag sein das ich hier gerade einen Meilenstein der Literatur falsch verstehe aber das war das mit Abstand langweiligste Buch das ich je gelesen habe. Bei Seite 624 hab ich aufgegeben. Wenn mir demnächst mal nach Spannung und Wiener Atmosphäre ist nehm ich lieber das Wiener Telefonbuch! Dieses Buch ist nix für schlichte Gemüter wie mich …

★☆☆☆☆
Fjodor Dostojewskij: Schuld und Sühne

Wozu?

Unser Studiendirektor, sicher eine Ausnahme, sagte immer wieder, niemand muss ein Buch lesen, nur weil es als WELTLITERATUR GILT. Diese Beurteilung treffen Menschen, die können irren, alle. Fand ich schon damals mutig. Nun, der Inhalt dieses psychologischen Krimis ist recht trivial. Aber spannend geschrieben, man ist beeindruckt. Aber nach einem gewissen Abstand sage ich mir, wozu das Ganze? Hat es mich persönlich irgendwie bereichert? Nein. Der Gesellschaft geholfen? Nicht erkennbar. Also eine psychologische Studie. Immerhin. Aber mal ehrlich, wer denkt sich so eine Geschichte aus? Der arme Dosto. Sein Leben ist bekannt, es war mehr als traurig. Dosto war sicher auch einer der »Schwierigen Patienten«, wie Marcel Reich-Ranicki es ausdrückte. Dann war das Buch Krankheits- und Krisenbewältigung? Es sieht so aus. Hat es geholfen? Wem? Dosto? Nein. Dem Leser? Wohl kaum. Man MUSS es also NICHT lesen.

★ ☆ ☆ ☆ ☆

Friedrich Dürrenmatt: Der Besuch der alten Dame

Scheißbuch

Wenn ihr absolut keine Freunde habt und auch nichts im Leben zu tun habt was euch glücklich stellen könnte und ihr schon alle anderen Bücher der Welt gelesen habt, erst dann würde ich euch empfehlen diesen Mist zu lesen. Es ist eine sehr langweilige Geschichte die jedes Kind sich in 10 Minuten ausdenken könnte. Ich empfehle dieses Buch also ganz bestimmt nicht.

***

Langweiliges Drama

Das Buch »Der Besuch der alten Dame« ist ein altes, aus meiner Sicht langweiliges Buch. Es besteht nur aus Dialogen und sinnlosen Handlungen. Die Beschreibung auf der Buchrückseite weckt zwar Interesse, wurde aber nur miserabel und nicht spannend umgesetzt. Ein weiterer Minuspunkt ist der, dass im Buch immer wieder Stellen auftauchen, in denen steht, dass das Bühnenbild beim Schauspiel verändert werden soll oder sich die Schauspieler an der Stelle umziehen sollen. Außerdem hat der Autor große Teile des Buches mit unwichtigen, nicht brauchbaren Figuren (Personen und Tieren) gefüllt. Insgesamt finde ich dieses Drama eher öde bzw. langweilig, und ich würde nur Leuten, die alte, literarische Bücher mögen, raten, dieses zu lesen.

★☆☆☆☆
Umberto Eco: Der Name der Rose

Bandwurmsätze

Dieses Buch, welches, und das kann ich, ohne dabei, wie schon eingangs erwähnt, ohne große Zweifel, welcher ich, im Allgemeinen bekannt, immer erhaben bin, eine Erklärung dessen, im Bezug auf das, was ich dort erblickte, was auch jedem, der diese Abtei betritt, sofort ins Auge sticht, im Großen und Ganzen, und das nicht nur hier, sondern ganz im Allgemeinen, stellt den Leser, welcher ja, und damit meine ich nicht nur diejenigen, die hier auf den Feldern, welche vom Regen, der ja in dieser Gegend und Jahreszeit recht reichlich ist, vollkommen durchnässt ist, arbeiten, vor eine große Herausforderung.

– Hatten Sie Probleme, den ersten Satz meiner Rezension zu verstehen? Ja? Dann Finger weg von dieser Übersetzung. Ich hatte noch nie ein Buch gelesen, wo ein Satz länger als 4–5 Zeilen ist. Hier gibt es deren zuhauf mit reichlich verschachtelten Nebensätzen. Zum Teil mehr als eine halbe Seite lang. Das ist nicht »gekonnt«, das ist ein misslungener Schreibstil seitens des Übersetzers. Schwer zu lesen, ermüdend.

★☆☆☆☆

Joseph von Eichendorff:
Aus dem Leben eines Taugenichts

Unbrauchbar

3 Stunden meines Lebens sind jetzt verschwendet. Sehr
langwierige und langweilige Story. Ein Glück, dass sie kos-
tenlos war. Keine Empfehlung.

★☆☆☆☆

Annie Ernaux: Erinnerungen eines Mädchens

Ein persönlicher Notizzettel der Autorin ohne Relevanz für andere

Eine alte Frau erzählt, mit welcher Note sie das Abitur und die Aufnahmeprüfung bestanden hat. Ihr missglückter erster Sex und ihre eigene Tumbheit gegenüber ihrem ersten Lover bleiben für sie traumatisch, unverstanden und unverarbeitet. Die alte Dame zitiert häufig eigene Gedichte, die leider auch nicht besser sind, und erwähnt eine Menge Lieder, die in ihren Jugendjahren in Frankreich gesungen wurden. Vielleicht will sie damit ein wenig Emotion hervorrufen, weil sie dunkel ahnt, dass ihr Notizzettel sonst arg trocken und belanglos bleibt. Nur kommt der belebende Effekt der pflichtbewusst und einfallsfrei aufgelisteten Titel leider auch nicht zustande. Es gibt eine Handvoll Dialoge, die exakt das unterirdische Niveau dieser Arbeit unterstreichen. Am Ende gewinnt man den Eindruck, den technischen Gesundheitsbericht einer selbstbezogenen, konkurrenzorientierten Person gelesen zu haben, einer Person, die mit glanzlosem Eifer ihre Trivialitäten sammelt, ohne zu merken, dass sie sich schon wieder zu wichtig nimmt ... Nobelpreis? War das vielleicht ein technischer Ziehungsfehler der Namenszettel? Oder ist das eine unfassbar subtile Ironie des Nobelpreiskomitees?

★☆☆☆☆
F. Scott Fitzgerald:
Der seltsame Fall des Benjamin Button

Nichts als Unsinn.

Das Buch ist unbrauchbar. Wie kann man einen solchen Unsinn schreiben oder herausgeben. Soll es vielleicht Humor sein?

★☆☆☆☆

Gustave Flaubert: Madame Bovary

Würde man das ...

... Buch auf seine Dialoge zusammenstreichen, hätte es noch immer 150 Seiten. Und wäre gut zu nennen. (Für ein Buch über eine Frau, von einem Mann geschrieben.) So aber ist es Käse. Und wahrscheinlich sogar frauenfeindlich.

★☆☆☆☆
Theodor Fontane: Effi Briest

Festung der Langeweile

Mit seinem Roman »Effi Briest« hat Theodor Fontane ein echtes Bollwerk der Langeweile verfasst. Durch eine unübersichtliche Charaktermasse und eine Handlung, die Höhepunkte nach dem Motto »Geiz ist geil« zu vergeben scheint, werden auch noch die letzten halbwegs interessierten Leser vergrault.

***

Das langweiligste Buch, das ich kenne

In diesem Buch passiert meiner Ansicht nach rein gar nichts – da ist jeder Bundesbahnfahrplan spannender. Der ehrenwerte Fontane meint, mit der Geschichte eines Kindes aus gutem Hause, das in ein Kaff zieht, in dem das Interessanteste noch das Grab eines toten Chinesen ist, irgendwen hinter dem Ofen vorlocken zu können. Mich nicht, da lese ich lieber Kleist oder Bukowski.

***

Gut gemacht ǂ Gut

Ich kann mich, nachdem ich, ein durchaus belesener junger Mann, mich durch mehrere hundert Seiten »Effi Briest« gearbeitet habe, nur meinen Vorrednern in dieser Bewertungsklasse anschließen. Es gibt wirklich wenige Bücher, bei denen ich mich zwingen musste, bis zum Ende durchzuhalten (bezeichnenderweise allesamt Pflichtlektüren für die Schule).

Dabei kann man Theodor Fontane ein stilistisches und literarisches Können sondergleichen gar nicht absprechen – nur ist sein ausschweifender, detailverliebter Stil deutlich besser für Reiseberichte oder meinetwegen auch Kochbücher geeignet, nicht jedoch für einen Roman, der seinen Leser in welcher Form auch immer fesseln, unterhalten oder beeindrucken soll.

Schon die ersten Seiten geben einem einen deutlichen Eindruck des Buches: Über mehrere Seiten wird bis ins letzte Detail ein Handlungsort beschrieben, an diesem findet dann über wenige Zeilen Handlung statt, und von da ab spielt dieser Ort keine Rolle mehr, das gesamte Buch über. Exemplarisch für den weiteren Verlauf des Buches.

Derselbe Effekt tritt auch bei den handelnden Personen auf. Es werden geradezu inflationär neue Charaktere eingeführt (über mehrere Seiten selbstverständlich, mitsamt ihres Lieblingstiers und ihrer Schuhgröße), die dann einen kurzen Dialog führen und von da an bestenfalls mal ab und an in einem Nebensatz auftauchen. Wie gesagt, bestenfalls. Häufig geschieht nicht mal das.

Eine weitere Unart des Autors ist es, lange Zeitspannen einfach zu überspringen, den Leser weitgehend im Unklaren darüber zu lassen, was denn in dieser Zeitspanne passiert ist. So zum Beispiel bei den Liebesbriefen, die alle Beteiligten letztendlich in ihr Elend stürzen: Bis sie plötzlich (als Deus ex Machina) auftauchen, wurde der Leser vollkommen über ihre bloße Existenz im Unklaren gelassen. Man fragt sich als Leser: Warum wurde mir jeder einzelne Dorfbewohner vorgestellt, jeder einzelne Stein beschrieben, wenn mir essentielle Teile der Handlung einfach verschwiegen werden?!

Also: Wer dieses Buch lesen will, sei gewarnt! Dieses Buch ist wie gesagt sterbenslangweilig, und die darin enthaltenen Weisheiten die Mühe eigentlich nicht wert. Sein Ruf als Höhepunkt der Weltliteratur ist vor allem auf den Autor, die Zeit seiner Entstehung (in der es gewiss große Relevanz besaß; diese ist heute jedoch meiner Ansicht nach nicht mehr gegeben), die Meinung einiger anderer Autoritäten der Literatur (die ebenfalls in dieser Zeit anzusiedeln sind) und nicht zuletzt die unzähligen Schülerjahrgänge, die es schon lesen mussten, zurückzuführen.

Wer dieses Buch lesen muss, hat mein herzliches Mitleid! Ich rate euch ernsthaft dazu, euch ein paar gute Inhaltszusammenfassungen zu suchen, dadurch spart ihr sowohl kostbare Lebens- (und in den meisten Fällen wohl auch Lern-)zeit, sowie einiges an Nerven. Die eigentliche Handlung des Buches kann auf wenige Seiten reduziert werden, die unzähligen detailverliebten Beschreibungen sind verzichtbar (zumindest zum Verständnis des Buches, wenn man sowas mag, kann man sie sich natürlich zu Gemüte führen).

Danke fürs Lesen, ich hoffe, ich konnte helfen!

★☆☆☆☆
Jon Fosse: Melancholie

Zu wenige Wörter für über 400 Seiten

»Melancholie« leidet an einer Krankheit, die viele zeitgenössische Bücher befallen zu haben scheint: ewige Wiederholungen. Es ist erstaunlich, wie man einen derart umfangreichen Roman mit so wenigen verschiedenen Wörtern füllen kann. Fraglich ist aber, ob angesichts dieses Stilmittels der eigentlich faszinierende Inhalt noch wahrgenommen wird: das Abgleiten eines jungen Malers in den Wahnsinn. Vielleicht ist das Buch ein Versuch, dieses Irrewerden durch einen Blick in einen verwirrten, in sich selbst gefangenen Geist zu erklären. Nach längerer Lektüre fragt man sich als Leser jedoch selbst, ob der eigene Kopf noch klar ist.

★☆☆☆☆
Jonathan Franzen: Die Korrekturen

Hoffnungslos überschätzt!

Das Buch »Korrekturen« bedarf meiner Meinung nach dringend derselbigen. Zum Inhalt gibt es nichts mehr zu sagen, das haben schon andere in aller Ausführlichkeit getan. Doch meine Meinung zu diesem Werk möchte ich dennoch loswerden.

Franzen erzählt viel zu detailliert, dabei aber struktur- und planlos. Seine »Gedankenergüsse« platschen in den gerade aufkeimenden Lesefluss hinein und zerstören jeden noch so kleinen roten Faden, den der Leser versucht zu spinnen.

Die Frage, was das Ganze soll, drängt sich auf. Wollte der Autor möglichst schnell alles loswerden, was ihm im Kopf herumgeisterte? Ob es zur Handlung passt oder nicht? Wobei sich hier wieder die Frage nach »der Handlung« stellt. Denn die hat aus oben genannten Gründen leider kaum eine Chance, zu entstehen.

★☆☆☆☆
Max Frisch: Homo faber

Mist

Ein bisschen teuer für so ein Buch! Es ist S*******! Es ist pervers und unnütz, ich musste es bestellen, da wir es bei den Prüfungen nutzen müssen.

***

Bitte nicht noch einmal ...

Habe das Buch im Rahmen meines Deutschunterrichtes in der Oberstufe lesen MÜSSEN, ansonsten hätte ich es wirklich lieber gelassen. Ich kann die Euphorie über diese inzestuöse Beziehung zwischen Vater und Tochter beim besten Willen nicht verstehen, und mich hat es regelrecht angeekelt, dieses Buch zu lesen ... Hab es auch gleich, nachdem wir mit dem Thema in Deutsch fertig waren, aus meinen Schulsachen verbannt und einer jüngeren Schülerin geschenkt, die es noch behandeln wird. Für mich geht diese Story wirklich gar nicht. Das einzig Positive daran ist, dass Frisch die Charaktere eher sympathisch und nicht als die Art »Monster« darstellt, wie man es sich vorstellt, wenn man davon hört, dass der Vater eine Liebesbeziehung mit seiner Tochter pflegt. Dennoch finde ich die Thematik schrecklich und nicht altersgerecht! Wie man ja so oft hört: An diesem Buch scheiden sich die Geister!

★☆☆☆☆
William Gaddis: JR

Schlecht geschrieben. Ohne Punkt und Komma

Mann, ist das Buch schlecht geschrieben. Ich habe nach 30
Seiten resigniert aufgegeben.
Keine Absätze, dadurch kann man den unterschiedlichen
Figuren kaum folgen. So kommt keine Lesefreude auf. Ein
Wunder, dass Punkt und Komma verwendet wurden.
Aber ansonsten FINGER WEG!
Echt, da kommt kein Lesespaß auf.

P.S. Versand und Lieferzeit war gut.

★☆☆☆☆

Johann Wolfgang Goethe:
Die Wahlverwandtschaften

Nicht mein Fall

Sicher ein Klassiker und eigentlich mag ich Goethe, aber mit dieser Geschichte bin ich einfach nicht warm geworden. Vielleicht versuch ich es irgendwann nochmal, bis dahin aber nur 1 Stern.

***

Kopfschütteln

Wenn's nicht von Goethe wär, würde es wahrscheinlich niemand bis zu Ende lesen. Der Zufall wird arg strapaziert, und der Leser schüttelt den Kopf.

★☆☆☆☆
Johann Wolfgang Goethe: Faust

Warum muss man heute noch dieses Dumme Buch lesen, im Ernst.

Hab dieses buch im Rahmen des deutsch Unterrichts lesen müssen und es hat weder meinen Noten noch meinem gestrigen Stand verbessert, sondern eher eine Methode entwickelt den Unterricht mit einem Augenzwinkern vorbei zu bringen.
Empfehle das Buch nur an 60+ Deutschlehrer weiter.

★☆☆☆☆
Baltasar Gracián: Das Handorakel

Klolektüre

Wer mit seiner Oma Kaffee trinkt, ist bereits schlauer, als dieses Buch zu lesen.

★☆☆☆☆

Günter Grass: Die Blechtrommel

Was ist denn das?

Nee! Das soll das große Buch von Günter Grass (oder wollen wir Günter »Krass« sagen?) sein? Das Buch langweilt extrem, ich bin jedesmal eingeschlafen und habe mich gefreut, wieder ein Kapitel geschafft zu haben. So habe ich dann auch nur etwa achtzig Seiten gelesen. Es sind nicht nur die umständlichen Sätze. Es sind auch die vielen langweiligen Details, die völlig unwichtig sind, ich empfinde in diesem Buch weder Spannung noch Faszination des Besonderen. Es gibt keine Atmosphäre. Was interessieren mich die langatmigen Schilderungen über eine Frau, die mit einer Kartoffel herumhantiert? Was sollen diese ellenlangen Beschreibungen über Röcke? War der Lektor blind? Für mich völlig unverständlich, wie dafür ein Verlag gefunden werden konnte. Das Buch würde heute, wenn der Autor nicht diesen Rang hätte, höchstens als Demand-Titel laufen.

★☆☆☆☆

Peter Handke:
Die Angst des Tormanns beim Elfmeter

LANGEWEILE!

Tut mir leid, Herr Handke, das ging daneben. Und zwar völlig. Wen interessiert schon eine Figur, die planlos durch die Stadt irrt, dann mal einen Kaffee trinkt, mal eine Wurst isst, dann dorthin geht und wieder zurück. Sinnlos, planlos, unmotiviert. Sogar der »Höhepunkt« (wenn es einen gibt), die Ermordung einer Frau, geschieht ohne erkennbares Motiv. Insgesamt wirkt die Figur des Bloch wie eine mieselsüchtige Jammergestalt, unfähig, unmöglich und völlig uninteressant. Was ist daran große Literatur? Die Sprache? Der Auszug aus dem Tagebuch eines Unterstufen-Mittelschülers liest sich dagegen wie ein Bestseller-Roman. Immerhin erkennt man den Schluss: Das ist dort, wo plötzlich die Buchstaben aus sind – um hundert Seiten zu spät!

★☆☆☆☆
Gerhart Hauptmann: Bahnwärter Thiel

Jede Waschmaschine ist spannender

Das Buch kann an jeder Stelle der Erzählung zur Seite gelegt werden, ohne dass sich der Leser Gedanken über den Fortgang machen würde.
Spannend sind lediglich die letzten beiden Seiten.
Einer Waschmaschine beim Waschen zuzuschauen ist interessanter als dieses Buch!!

★☆☆☆☆
Ernest Hemingway: Der alte Mann und das Meer

Depri

Echt öde. Mann fährt aufs Meer, fängt einen Fisch, macht das auch gekonnt und fährt wieder zurück. Zwischendurch Probleme mit Haien. Das war's. Ziemlich depri die Stimmung. Ach ja, ein Junge kommt auch noch vor. Es gibt zwei kurze Gespräche.

***

Gäääääähn!

Bitte, hier gab's einen Nobelpreis! Wofür? Sowas Langweiliges … Ein alter Fischer fährt raus aufs Meer und hat halt bissl Probleme, und dann kommt er wieder retour … 160 Seiten lang geht's nur darum. Nicht mal die Sprache ist besonders toll. Also jetzt hab ich's halt gelesen, aber empfehlen tu ich's nicht! Zeitverschwendung!

★☆☆☆☆
Hermann Hesse: Der Steppenwolf

wieso tut man schülern sowas an

hab dieses ekelhafte drecks buch für die schule kaufen müssen. falls ihr euch in dieser situation befindet tut es nicht. es lohnt sich nicht. nehmt halt nen unterkurs in deutsch wenns sein muss aber einfach aus prinzip sollte man so einen müll nicht unterstützen.

***

Stark gebraucht

Anders als beschrieben ist das Buch stark abgenutzt, es riecht unschön und enthält zahlreiche Markierungen und handschriftliche Notizen. Schöne Grüße an Max aus der 11b!

★☆☆☆☆

E. T. A. Hoffmann: Der Sandmann

Gefällt mir nicht

Hab mir das Buch aus Interesse bestellt. Ganz überzeugt
hat das mich nicht!

★☆☆☆☆
Homer: Odyssee

Kommt nicht vom Fleck

Was für ein langweiliger Schinken, so einen Mist kann man heute einfach nicht mehr lesen. Die Geschichte kommt nicht vom Fleck, alles wird langatmig und ausufernd und wiederholend erzählt, das ist einfach nicht mehr zeitgemäß ... ein Abstract lesen und gut ist!

***

Warnung!

Hi, Also an alle die dieses Buch für die Schule als Referat gewählt/zugeteilt haben/wurde: Nehmt dieses Buch nicht! Das Buch ist in der Versform geschrieben also nur etwas für Kenner ...

★ ☆ ☆ ☆ ☆
Michel Houellebecq: Elementarteilchen

Meisterwerk????

Das Rezept ist uralt und denkbar einfach, man nehme alles, was das Leben negativ (noir) macht, mische es mit einem unsichtbaren Anteilchen Quantenphysik, damit man sich mit dem Buch auch in der Öffentlichkeit zeigen kann, erwähne mindestens vier anerkannte, nicht mehr lebende »geniale Denker«, um Intelligenz und Wissen zu beweisen, und würzt das Ganze mit einer Anhäufung von Orgasmusbeschreibungen, um den »einfachen Leser« auch bis zum Ende des Buches zu führen – »Frankreichs Literatur hat wieder einen großen Namen«, lt. FAZ – ich gratuliere!

***

Der Mann braucht eine Therapie

Schon nach wenigen Seiten war klar, dass hier der Autor seine Phantasien auslebt, soziale Schwächen hat, die er mit dreckigen Szenen überdeckt. Wenn man diesen kettenrauchenden Auti...or mal bei einem Interview erlebt hat, weiß man sofort: Der Mann hat Probleme, von denen man nicht mal lesen möchte. Wer selbst schon mal eine liebevolle Beziehung zu anderen Menschen hatte, kann dieses Buch einfach nicht ertragen, ich kann es mir wirklich nicht vorstellen. Selbst im schlimmsten Scheidungsdrama könnte es nur bewirken, dass man anschließend zum Fenster rausspringt.

★☆☆☆☆
Ödön von Horváth: Jugend ohne Gott

Medizin?

Ich dachte, es wäre Medizin, aber es sind Bücher. Ich habe mein Geld seit fast einem Jahr nicht zurückbekommen. Ich empfehle es nicht.

***

Nicht so Meins

Der Text ist sehr schwierig geschrieben. Bei mir war der Lesefluss einfach nicht vorhanden, und das hat das Buch sehr in die Länge gezogen.

***

Hilft nichts

Wenn die Schule es verlangt, dann muss man da durch.

Henry James: Das Durchdrehen der Schraube

Das Durchdrehen meiner Geduld

Ich habe mir ab der Mitte des Buches nichts sehnlicher gewünscht, als dass die beiden Kindlein einfach nur von irgendwas zerfleischt werden. Stattdessen werden seitenweise immer nur drei Szenen in poetischer Langatmigkeit beschrieben:

1. Erzieherin und Haushälterin (Mrs. Grose) arbeiten irgendwelche Ereignisse auf. Bei der Ausdrucksweise benötigen die beiden auch schon mal die ganze Nacht dazu, weil immer der Morgen dämmert, wenn sie fertig sind
2. Erzieherin sieht Untote rumstehen und gaffen
3. Erzieherin ist so unglaublich glücklich über das gute Benehmen ihrer beiden anvertrauten Gören

Als das dritte Mal der »schändliche« Untote auftaucht und in die Gegend starrt, fühlte ich mit ihm. Bei diesem Konversationsstil und der gepflegten Langeweile ginge es mir nicht anders. Mit der Mieze von Erzieherin hätte ich auch keinen Small Talk beginnen wollen!

Für zauselige Anglistik-Professoren mit Marmelade im Bart durchaus studierenswert. Für alle anderen: zum Tisch stabilisieren hervorragend geeignet!

★☆☆☆☆
Elfriede Jelinek: Die Klavierspielerin

Furchtbar

Dass die Frau Jelinek einen Nobelpreis bekommen hat, mag sicherlich irgendwie begründet sein, aber nicht für dieses Buch. Zwei furchtbare Charaktere, welche ein ganzes Buch füllen und es eigentlich keinen Handlungsstrang gibt. Ständige enervierende Wiederholungen und perverse Schilderungen. Wem fällt so etwas ein? Ist Frau Jelinek irgendwie vorbelastet? Wie dem auch sei… Ich war froh, als ich irgendwann auf der letzten Seite angelangt war.
Das Buch wird verkauft oder besser noch verschenkt. Aus meiner Sicht kann ich das Buch auf keinen Fall empfehlen.

★☆☆☆☆
Uwe Johnson: Jahrestage

Unendlich dröge

Es kommt eigentlich selten vor, dass ich ein einmal ange-
fangenes Buch nicht zu Ende lese, und wenn, dann tue ich
das vielleicht nach der Hälfte – aber in diesem speziellen
Fall habe ich das Buch nach nicht einmal 50 Seiten dem Pa-
piermüll überantwortet.
Das Ganze ist einfach nur eine unglaublich dröge Aneinan-
derreihung von Beschreibungen, denen aber jegliche literarische Qualität abgeht. Quasi als Ulysses gesprungen und
als Uwe gelandet …

***

seiten fehlen

leider fehlen beim buch die ersten 24 seiten. sollte bei so einem wälzer nicht ins gewicht fallen, für mich aber schon.
nach kontakt wurde mir rückerstattung des geldes zugesi-
chert. ist leider bis heute nicht passiert. daher schlechte be-
wertung.

★☆☆☆☆

James Joyce: Ulysses

Viel Lärm um nichts

Ich bin ein anspruchsvoller Leser, oberflächliche Fast-Food-Unterhaltungsliteratur reizt mich nicht. So habe ich vor zehn Jahren »Ulysses« zur Hand genommen – und es nach zwei Tagen wieder beiseite gelegt. Vor kurzem dachte ich, ich wäre jetzt reif genug für diese Lektüre und habe wieder zu lesen begonnen. Nach 367 Seiten und einigen mehr oder minder unterdrückten Wutanfällen habe ich beschlossen, mit »Ulysses« endgültig abzuschließen. Was Joyce sich bei seinem Text gedacht hat, werde ich so wohl nie erfahren, das ist aber auch nicht weiter schlimm. Ich denke, wenn Joyce etwas Wichtiges mitzuteilen gehabt hätte, so hätte er es wohl dem geneigten Leser verständlich machen können. Meine Vermutung geht dahin, dass sich hinter dem mannigfaltigen und schwer bis gar nicht zu verdauenden Wortgeklingel (das Könnerschaft voraussetzt, so viel gestehe ich zu) weiter nichts verbirgt. Regelmäßig ging es mir bei der Lektüre so, dass ich nur noch die blanken Worte las, ohne dass ihr Sinn noch bei mir ankam. Und selbst wenn ich meine Aufmerksamkeit zusammennahm und konzentriert den Sprachausschweifungen des Autors folgte, so blies mir vor allem eine Menge heißer Luft entgegen. Nun, vielleicht bin ich einfach zu einfältig, vielleicht wusste oder konnte es Joyce aber auch nicht besser. Für mich ist »Ulysses« ein Machwerk, das sich zu sehr um sich selbst dreht, als dass es einen hohen literarischen Rang haben könnte. Es ist ein Werk, das den Leser nicht mitnimmt, sich überhaupt nicht für ihn interessiert, ihn teils gar verhöhnt und quält. Und das alles ohne tragende Handlung, emotionale Ansprache (außer der oben beschriebenen) und erkenntnisreichen Inhalt (ich kann hier natürlich nur von dem mir bekannten Teil reden). Also was soll das alles? Es bleibt mir ein Rätsel. Literaturakademiker mögen hier ihr Schlaraffenland gefunden haben – alle anderen werden ihre Zeit angenehmer und sinnvoller zu verbringen wissen.

***

Schweinskram

So sollen die alten Dubliner gelebt haben, ihre Tage vergeudet haben, die GOtt ihnen auf dieser SEiner Insel zu schenken geruhte! Da wird getrunken, gehurt, GOtt gelästert, dass es einem graust.

***

Krank

Es ist mir unverständlich, wie man diesem Werk auch nur ein gutes Wort zudenken kann. Das Beste daran war einst das Papier, als es noch unbeschrieben war. Folglich bin ich niemandem böse, der »Ulysses« als Umweltsünde bezeichnet. Das Gute daran: Sinnloser Zeit-Totschlag ist nicht strafbar.

★☆☆☆☆
Franz Kafka: Das Schloss

Endloses Geplänkel

Diesem Roman kann ich kaum etwas abgewinnen. Nach rund 30 Seiten wirds langweilig und man ahnt, dass das nun bis zum Schluss so weitergehen wird, ein endloses Geplänkel. Der Text ist höchstens noch historisch interessant, ansonsten ziemlich belanglos. Mir ist schleierhaft, warum einige Kritiker derart ein Aufhebens um diesen Autor machen. Das Thema gibts viel interessanter und tiefgreifender in anderen Romanen und Sachbüchern. Da die Figuren bei Kafka meist an der Oberfläche agieren und sich oft geradezu dämlich anstellen, wird das Ganze nur noch mühsam und unglaubwürdig. Eben von einem Bürolisten erfundene Nörgeleien.

★☆☆☆☆
Franz Kafka: Die Verwandlung

Grottiges Buch

Ein absolut grottiges Buch, welches ich im Rahmen der bayerischen Oberstufe kaufen musste. Kaum zu glauben, dass ein derartiger Totalschaden überhaupt als Literatur bezeichnet wird ...

Kafka beschreibt in viel zu langen Worten, was im eigenen Kopf passiert, wenn man mehrere Kilogramm Fliegenpilze isst und dann einen Bad Trip bekommt. Dass so etwas als lesenswert bezeichnet wird, finde ich absolut lachhaft.

In meinen Augen sehr teures Klopapier!

★☆☆☆☆

Claire Keegan: Das dritte Licht

Absoluter Reinfall

Die größte Enttäuschung, seit ich Bücher lese. Zunächst dachte ich noch, das Buch gefällt mir schon mal. Allerdings war plötzlich nach nur SECHZIG!!! Seiten abrupt das Buch zu Ende. Als ob der Rest des Buches einfach fehlen würde, als wäre nur ein Kapitel zu Ende. Für das bisschen Buch habe ich auch noch sage und schreibe teure 12,99 Euro bezahlt. Ich fühle mich ziemlich veräppelt! Bin echt sauer. Man kann dieses Buch vielleicht als Kurzgeschichte anbieten, nicht aber als Taschenbuch, gebundenes Buch oder wie in meinem Fall als eBook zu diesem Preis. Klar kann man drauf hinweisen, dass die Seitenzahl angegeben wird, nicht aber auf den ersten Blick. Ich bin auch überzeugt, dass die wenigsten Leser zuerst mal schauen, wie viele Seiten ein Buch hat, bevor sie bestellen. Wie auch immer, ich bin sehr enttäuscht! Sowas passiert mir nicht mehr. In Zukunft schaue ich genau, wie viele Seiten ein Buch hat.

★☆☆☆☆
Gottfried Keller: Der Grüne Heinrich

mein gott...

dieses »werk« ist einfach nur eine qual...
endlos lange geschichte ohne auch nur einen funken spannung... bitte, liebe lk-leiter, verschont eure schüler mit diesem roman... bitte!!!

★☆☆☆☆
Irmgard Keun: Das kunstseidene Mädchen

Ich habe graue Zellen beim Lesen verloren

Habe nur die ersten Seiten des Buches gelesen und mein IQ hat sich dadurch schon ein Stück verringert. Wurde gezwungen, das für die Schule zu lesen. Geld-, Zeit- und Intelligenzverschwendung.

★☆☆☆☆
Heinrich von Kleist: Michael Kohlhaas

HASS

Ich habe noch nie ein Buch, das wir in der Schule lesen, so gehasst wie Kohlhaas … Die Hauptthemenbereiche mögen ja ganz nett sein, aber der Rest leider nicht. Amen

***

Liebe Grüße an das Kultusministerium …

… das mich und viele andere Schüler dazu zwang, dieses Buch in der Schule zu lesen.

Im Gegensatz zu den meisten Schülern, habe ich es sogar gelesen. Leider habe ich keine Lust gehabt, die Sätze alle 3 Mal zu lesen, um sie auch zu verstehen. Auch wenn das Buch nur ca. 100 Seiten hat, kommt es einem endlos vor. Das liegt daran, dass teilweise Seiten ohne einen Punkt vorhanden sind. Manch einer würde sagen, dass es eine KUNST ist, solche Sätze zu schreiben. Ich finde es jedoch einfach nur unmöglich zu lesen.

Trotz vieler herausragender Rezensionen hier, die sich allerdings hauptsächlich auf die Inhaltlichen Aspekte beziehen, vergebe ich hier 1 Stern. So gut diese Geschichte auch sein mag, dieser extrem nervtötende Schreibstil mit etlichen sinnlosen Zusatzinformationen in etlichen unnötigen Nebensätzen lässt sich wunderbar auch in 10–15 Seiten wiedergeben.

Falls ihr Schüler seid, kann ich euch nur ans Herz legen, dieses Buch NICHT zu lesen und gleich zur Lektürehilfe zu greifen. Ich sage so etwas wirklich nicht gerne, ich habe »Die Räuber« zum Beispiel wirklich gerne gelesen, obwohl es sprachlicher deutlich schwerer ist, aber »Michael Kohlhaas« hat für mich wirklich keinen Lerneffekt und ist wie eine Plage, die man während der Abi-Zeit einfach nicht los wird.

★☆☆☆☆

Karl Kraus: Die letzten Tage der Menschheit

Nach drei Seiten aufgehört

Der umständliche Schreibstil, der schwulstige, nicht wirklich gelungene Versuch Spannung aufzubauen, entspricht in gar keiner Weise meinem Geschmack. Dann lieber moderner.

★☆☆☆☆
Heinrich Mann: Professor Unrat

Schlecht!

Wenn dieser Roman wirklich ein Klassiker der deutschen Literatur ist, dann ist es wohl Zeit, auszuwandern. Das Buch ist schlicht und ergreifend schlecht. Langweilig, dröge, vorhersehbar und vor allem völlig sinnlos. Und wenn ich noch einmal »freilich nun wohl« oder »traun fürwahr« lese, schreie ich. Meiden Sie den Unrat! Was drauf steht, ist auch drin!

★☆☆☆☆
Thomas Mann: Buddenbrooks

Also bitte.

So viel Geld und so wenig Bilder.
Außerdem verstehe ich nicht, wie ich das lesen soll. Jetzt von links nach rechts, oder? Verdammt.
Kurz und knapp wäre besser gewesen, ich kann beim einmal Klo sitzen nicht über 700 Seiten lesen. Ich habe noch nie so viel Durchfall gehabt.
Schwachsinn.
Wirklich.
Keiner will das.
Nicht mal mein Hund, und der weiß es eigentlich immer besser.
Der spielt lieber mit seinem Ball. So wie ich.
Kultur.
Egal.
Typisch.

***

In der Kürze liegt die Würze

Ich selbst halte mich für einen Menschen, der gute und anspruchsvolle Literatur schätzt und diese auch gerne liest. Dennoch sehe ich Thomas Manns »Buddenbrooks« als überbewertet an. In seinem Gedicht »Wünschelrute« sagt

Eichendorff, dass er nur das »Zauberwort« treffen müsse. Oder um es mit Shakespeares Worten zu sagen: »Weil Kürze denn des Witzes Seele ist, fass ich mich kurz.« Diesen Leitsatz hätte auch Thomas Mann sicher mehr berücksichtigen sollen.

Stattdessen wird 750 Seiten lang nur geschwafelt. Es entsteht überhaupt keine Spannung, da die meisten Dinge für den Leser entweder uninteressant oder schon vorweggenommen sind (oder beides!). Gerade ein langes Buch muss eigentlich unentwegt Spannung aufbauen, ob Klassiker oder nicht. Doch darum scheint es in diesem Roman nicht wirklich zu gehen. Außerdem sind die Beschreibungen so detailliert, dass man keinerlei Freiraum für Phantasie hat und sich trotz seitenlanger Beschreibung kein wirkliches Bild machen kann.

Natürlich soll ein Autor bei einem Buch Symbole benutzen, und eigentlich sind Leitmotive eine interessante Technik, doch auch hier heißt es wieder kürzen. Thomas Mann nutzt diese Technik auf so plumpe Weise, dass es jedem Leser geradezu entgegenspringt und nach einiger Zeit nur noch nervt (vor allem hat man das Gefühl, der Autor würde seinen Lesern nicht den Hauch von Verstand zutrauen).

Neben diesen inhaltlichen Mängeln finde ich auch Thomas Manns Schreibstil nicht überragend. Es ist eine Sache, Hypotaxen als Stilmittel mal anzuwenden oder so wie Kafka in »Auf der Galerie« seinen Text daran aufzubauen. Doch dafür müssen diese Hypotaxen auch einen Sinn erfüllen. Einfach viele verschachtelte Sätze zu schreiben, zeugt nicht von diesem Sinn (den ich ehrlich gesagt auch nach mehrmaligem Lesen und Internetrecherche nicht sehen kann).

Vielmehr zeugt das von den mangelnden Fähigkeiten des Autors, sich richtig auszudrücken.

Auch die Thematik ist weder neu noch wirklich gut durchdacht. Das Ende wirkt einfach nur konstruiert und gerade so, als ob der Autor nach 750 Seiten (endlich!!!) keine Lust mehr gehabt hätte.

Antitipp!!!

★☆☆☆☆

Thomas Mann: Der Zauberberg

Nicht in meinem Geschmack

Ich las mehr als 100 Seiten und dachte, wann beginnt endlich sein Buch und die vernünftigen Gedanken. Ich hatte schon vor dem Kauf des Buches Zweifel. Es ist unheimlich schwierig, auf 1000 Seiten etwas Spannendes zu schreiben. Ich kenne solche Stilistik, wenn alles Mögliche beschrieben wird (Natur, Kleidung, Türklinke, Geschirr und ähnliches) und der Sinn des Beschriebenen so miserabel bleibt, weil er auf 1000 Seiten zwischen solcher langweiligen Ausführlichkeit verloren geht. Danach bleibt nur die schöne Sprache zu loben.

★☆☆☆☆
Herman Melville: Moby-Dick

Zumutung

Einige Stunden hörte ich tapfer »Moby-Dick«. Das erste Kapitel »Etymologie« wollte einfach nicht enden, mit z.T. interessanten, aber in der Masse überflüssigen, oft unerträglich banalen Zitaten mit Namensnennung und lexikalischen Einschiebseln, die weit über das literarisch vernünftige Maß hinausschießen. Sinnlose Wissensvermittlung. Dann geht es im Schneckentempo und mit Lupenblick unendlich langsam in der Handlung weiter. Noch nie hat ein Mensch es fertiggebracht, vom Eingang einer Herberge bis ca. drei Meter den Flur entlang Unmengen an Unwichtigkeiten und Impressionen dermaßen zu zelebrieren. Melville propagiert im weiteren, bis zur Schmerzgrenze gedehnten Verlauf einen Detailwahn, der selbstverliebt und auch lehrerhaft anmaßend wirkt. Mit seinen subjektiven Beurteilungen geht er hausieren, erhebt sich über Menschen und Situationen als selbstgerechter Beobachter, der aus banal-banalsten Phrasen Originalität herausquetschen will. Dazwischen ein wenig Schmalz von Rührseligkeiten, welche mit philosophischem Käse überbacken und mit frömmelnden biblischen Bezugnahmen versalzen werden – ein literarischer Schweinefraß!

★☆☆☆☆

Patrick Modiano: Im Café der verlorenen Jugend

Nobelpreis für französische Geographie

Was soll denn das???? Ein Roman, der zur künstlichen Verlängerung seiner Ultrakürze und Ideenlosigkeit des Autors einfach Straßennamen als Füllstoff nimmt???? Überflüssiger, ideenloser Exzess einer Ansammlung Pariser Straßennamen. Völlig durchgeknalltes Straßenverzeichnis von Paris. Jeder gefühlte dritte Satz beinhaltet eine Adresse. Extrem schlechte, fahrige, fahle, schlampige Personenbeschreibungen – wieder nach Platz und Straßennamen geordnet. Literarischer Unsinn und Fadesse. Ich erlaube mir auch überheblicherweise zu sagen, dass ich intellektuell total unterfordert bin. Da ist dem Herrn Modiano einfach aber schon gar nichts mehr eingefallen. Ein Literaturnobelpreisträger ist nur ein langer Titel. Kein Garant für anspruchsvolle, kurzweilige, unterhaltsame Literatur und Kopfkino.

★☆☆☆☆

Robert Musil: Der Mann ohne Eigenschaften

Ein Buch ohne Eigenschaften

Gähnende Leere, unmöglich zu lesen, eine einzige Katastrophe. Ich würde sagen: »Das schlechteste Buch aller Zeiten«. Es passiert sozusagen nichts, nichts und wieder nichts, plötzlich kommt ein wenig Handlung, dann wieder nichts, nichts und wieder nichts. So zieht sich das endlos hin.

Der Autor hat durchaus Talent und kann sich gut ausdrücken. Was indes die Fähigkeit angeht, eine interessante Geschichte zu erzählen, habe ich selten einen talentbefreiteren Autoren gelesen.

Neben vergilbten Reiseführern, überholten Nachschlagewerken und Schundromanen, die aus einer Wohnungsauflösung stammen, war dieses eines der wenigen Bücher, die ich jemals in die Altpapier-Tonne entsorgt habe. Dieses Werk würde ich selbst meinem ärgsten Feind nicht schenken.

★☆☆☆☆
Vladimir Nabokov: Lolita

Faszinierend, wie Worte einen unterhalten können

Dieses Buch ist das faszinierendste und erschütterndste, das ich in letzter Zeit gelesen habe. Jeder, der sich für absolut normal hält, wird sich selbst überrascht fühlen nach diesem Buch. Ich laufe inzwischen in der Gegend herum, betrachte junge Mädchen und frage mich, ob ich dieselben Neigungen wie Humbert empfinden könnte.

Dieses Buch ist nicht nur erschütternd, sondern auch gefährlich, und ich hätte trotzdem nicht gerne darauf verzichtet.

★☆☆☆☆
George Orwell: 1984

Unlogisch auf so vielen Ebenen!

Selbst wenn man sich auf dieses (für mich sehr schwer zu lesende) Gedankenexperiment einlässt, so bleiben viel zu viele Fragen offen. Das System, das hier beschrieben wird, ließe sich nicht mal im Geringsten umsetzen. Die menschlichen und technischen Ressourcen wären nicht endenwollend...

Abraten darf ich das Buch auch jedem Spontanleser und Kurzkapitelfreund. Manche Kapitel sind ewig lang und kompliziert, sodass man leicht den Faden verlieren kann, wenn man eine kurze Lesepause einlegt...

★☆☆☆☆

Fernando Pessoa: Das Buch der Unruhe

Angeblich das Buch des Jahrhunderts!

Als Vielleserin, die sich verschiedenste Genres der Literatur zu Gemüte führt, kann ich nur sagen: »Langweilig bis zum geht nicht mehr.« Was bitte soll an diesem Buch ein Werk des Jahrhunderts sein? Dass man fast selbst Depressionen bekommt, wenn man es liest? Gut, dass ich es nur gebraucht gekauft habe. Ich überlege mir aber schon eine Weile, wen ich so gar nicht leiden kann, um ihm das Buch zu schenken.

★☆☆☆☆

Ulrich Plenzdorf: Die neuen Leiden des jungen W.

Die Leiden des Lesers beim Lesen dieses Buches

Ich musste dieses Buch für die Schule lesen. Aber ich muss sagen, dass dieses Buch absolut nicht zu empfehlen ist. Dadurch hat die Jugend noch weniger Lust am Lesen durch dieses schlechte Buch. Außerdem enthält es viel (falsche) unvollständige Sätze, die auch vom Satzbau absolut falsch sind. Es sind auch sehr viele Rechtschreibfehler in diesem Buch. Dadurch werden die Schüler noch mehr verunsichert und machen noch mehr Fehler in einer Klausur.

Wenn man die Zahl der Exemplare der gebrauchten Bücher anschaut (131), stellt man fest, dass dieses Buch nicht zu empfehlen ist.

Fazit: Finger Weg, verschlechtert die Rechtschreibung!

★☆☆☆☆
Thomas Pynchon: Gegen den Tag

Nobelpreis, schätze ich

Ich habe bis Seite 25 gelesen, den Rest – nach den angekündigten seltsamen und abseitigen Sexualpraktiken – vergeblich überflogen, nach zwei Stunden war ich fertig. Als intelligent-sensibler Autor schreibt sich Pynchon jahrelang in offensichtlich selbsttherapeutischer Manier alles von der Seele, was ihn bedrückt, etikettiert dies als literarische Kunst und findet so seine Marktnische, die ihm irgendwann den Nobelpreis einbringen wird. Großartiges Werk, viel beklatscht, leider ungelesen.

Man könnte ganz betriebswirtschaftlich an Pynchon herangehen: den Leseaufwand durch den Erkenntnisgewinn teilen und mit dem Lesevergnügen multiplizieren. Das ergibt in Summe immer eine Null. Jede andere Beschäftigung verspricht mehr Rentabilität.

Pynchon denkt nicht nach, er spürt nicht nach, er ringt nicht mit sich, er steckt auf 1600 identischen Seiten – es spielt keine Rolle, wo im Werk diese platziert sind – im fabulösen Fabulieren fest. Das ist beeindruckend, aber bedeutungslos. Es berührt nicht. Es deutet auf nichts hin und weist nur auf sich selbst zurück und auf einen Leser, der ebenfalls sich selbst überlassen bleibt. Das Werk steht – endlich – für sich selbst. Das ist wenig, das ist allzu wenig. Ich würde ihm keinen Nobelpreis geben.

★☆☆☆☆

J. D. Salinger: Der Fänger im Roggen

Nichts, nichts steht in diesem Buch …!

Es hat zwar Buchstaben, Worte und Sätze. Aber dennoch passiert rein GAR NICHTS in diesem Buch. Ich konnte nicht einmal eine Metapher oder einen sinnvollen Vergleich erkennen. Der Protagonist ist unglaublich depressiv, traurig und verzweifelt. Und das macht er auch mit dem Leser! Ich habe geduldig bis zum Schluss alles sorgfältig durchgelesen. Aber nie passierte etwas Interessantes. Selbst die anderen Charaktere waren irgendwie überflüssig und sinnlos. Gleich auf der ersten Seite bekommt man so einen »Null-Bock«-Eindruck, und es scheint, als wolle der Autor gar nicht, dass man dieses Buch liest (bzw. ist es ihm egal). Es scheint wirklich, als will er uns NICHTS sagen. Am Ende hab ich wirklich gedacht: »Dieses Buch ist piefig und es macht mich irrsinnig fertig, oder so. Wirklich.« Jaja, ich hätte mal zählen sollen, wie oft diese Ausdrücke vorkommen.
Wer beim Lesen nicht denken will, der kann dieses Buch ruhig lesen. Aber wer auf einen Aha-Effekt oder Emotionen oder einen großen Wortschatz oder authentische Charaktere oder eine komplexe Handlung oder was weiß ich hofft, sollte die Finger von diesem Buch lassen.
Übrigens: Der Titel ist genauso nichtssagend wie der Inhalt des Buches, weshalb er auch gut dazu passt.

★☆☆☆☆
Friedrich Schiller: Die Räuber

Selbst für Leseratten zum Abgewöhnen

Ich bin jetzt in der 10. Klasse auf dem Gymnasium und hatte das »Vergnügen«, die »Räuber« von Friedrich von Schiller im Deutschunterricht lesen zu müssen. Ich lese grundsätzlich gerne, viel und durchaus auch viel literarisch Anspruchsvolles... Doch hätte ich die »Räuber« nicht lesen müssen, wäre die Lektüre schnell und sicherlich in der Ecke oder der Papiersammlung gelandet. Das Buch weist viele inhaltliche Diskrepanzen auf, und statt zu fesseln, jagt die schwer und sich zäh zu lesende Sprache einen eher in die Flucht. Zusammenfassend kann ich sagen, dass das Buch sehr enttäuschend war und es für mich eine Nervenprobe war, es ganz durchzulesen (man sollte auch als »geübter« Leser pro Seite im Durchschnitt ca. 2–5 min einrechnen, da man viele Seiten 2–3 mal lesen sollte, um sie völlig zu verstehen!!!).
Eigentlich sehr schade, denn ich bin von Schiller als Dichter ein großer Fan. Aber als Schriftsteller kann ich leider nichts Positives über ihn sagen.

★☆☆☆☆
Friedrich Schiller: Kabale und Liebe

Ultra langweilig

Diese Lektüre ist für die heutige Generation nicht mehr relevant. Die damaligen Gesellschaftszustände mögen traurig gewesen sein, jedoch macht es der scheinbare Einsteiger-Autor Schiller schwer, sich damit auseinanderzusetzen, da er das Thema in eine langweilige, vorhersehbare und wenig nachvollziehbare Liebesgeschichte verpackt. Es gibt etliche moderne und anspruchsvolle sowie inspirierende Werke, die das heutige Gesellschaftswesen in viel relevanterer Weise der Jugend nahezubringen vermögen.
Das Design von Reclam ist auch sehr traurig.

★☆☆☆☆
Mary Shelley: Frankenstein

Jammerlappen

Dieses Buch ist das Papier, auf dem es gedruckt wurde, wirklich nicht wert. Frankenstein, der Erschaffer des Monsters, welches das Leben seines Schöpfers in Trümmer legen wird, ist nichts weiter als ein zweifelnder ständig jammernder Weichling, der zu feige und lustlos ist, sich mit seinem Werk auseinanderzusetzen. Aufgrund seines Zögerns und seiner Feigheit verliert er alle Freunde und Familienmitglieder und schaut auch tatenlos zu, als eine junge Frau unschuldig zum Tode verurteilt und hingerichtet wird. Durch Frankensteins ständiges Stöhnen und die elend langen Beschreibungen seines Leidens, welches er sich selbst zuzuschreiben hat, gewinnt dieses Buch an Länge und an Langeweile. Wer hier eine interessante und gute Geschichte mit Spannung und einem gewissen Gruselelement sucht, wird mit Sicherheit nicht fündig. Selbst das Monster, welches innerhalb von 2 Jahren zum eloquenten und belesenen Rächer und Mörder wird, kann die Story kaum rumreißen. Die Augenblicke, in denen das Wesen auftritt, sind so rar und selten, dass man sich öfters fragt, ob man hier einen Reiseroman liest oder die berühmte Geschichte um Frankenstein. Gäbe es die Möglichkeit, null Sterne zu vergeben, ich hätte es getan.

★☆☆☆☆
Robert Louis Stevenson: Dr. Jekyll und Mr. Hyde

Die Hälfte wäre genug

Total langweilig. Es würde mit der halben Seitenzahl genug haben. Total aufgebläht, meist mit dem Thema, wer sich wie fühlt bei welcher Gegebenheit. Man kennt dem Buch das Alter an.

★☆☆☆☆

Theodor Storm: Der Schimmelreiter

Wirklich nötig?

Eigentlich nicht! Mein Sohn brauchte dieses Buch für den
Deutschunterricht im Gymnasium. Also ganz ehrlich gesagt, somit fliegt ein weiteres Buch herum, was für einen
einseitigen Bericht angeschafft werden musste.

★☆☆☆☆

Henry David Thoreau: Walden

Finger weg

Ein total langweiliges Buch. Wenn man es gelesen hat, versteht man, warum die meisten Weltverbesserer so verkniffen durch die Gegend laufen. Dem Leser, der bis zur letzten Seite durchhält, ist mehr Respekt zu zollen als dem Autor, der vorgibt, ein Jahr oder auch etwas länger im »Wald« gelebt zu haben …

***

Naja …

Ich habe das Buch nach wenigen Seiten weggelegt. Ok, vielleicht hätte ich weiterlesen müssen, jedoch ging mir der Schreibstil und die Aussagen, wie es bereits jemand hier so schön formuliert hat, übelst auf den Keks. Von oben her erlaubte sich der Autor, über jeden zu urteilen. Ich zitiere einen Vorschreiber, weil er es einfach auf den Punkt gebracht hat: »Selbstzufriedenheit, Selbstbeweihräucherung, Lebensweisheiten aus dem Nähkästchen, anbiedernd und von geradezu selbstherrlicher Natur.« Es mag sein, dass es kluge und weniger kluge Menschen gibt, aber so ein überheblicher Quacksalber ist mir schon lange nicht mehr über den Weg gelaufen.

★☆☆☆☆

Mark Twain: Tom Sawyer und Huckleberry Finn

SCHLECHTE Erzählerin!

Schlechte Erzählerin!

★☆☆☆☆
David Foster Wallace: Unendlicher Spaß

Warum?

Warum schreibe ich das: ich möchte es jedem ersparen, dieses ungemein langweilige und langatmige Gestammel in die Hand zu nehmen. Pseudointellektuelle Wortwahl und Länge sind kein Garant für ein Buch (Literatur möchte ich in diesem Zusammenhang nicht sagen). Ich kann nur jeden beglückwünschen, der nach 100 Seiten aufgegeben hat. Da kommt nichts mehr, da ist nichts. Alle Charaktere in diesem Buch sind psychisch, sozial gestört oder behindert und/oder deswegen oder ohne Grund drogenabhängig. Aber auch das macht noch keine Geschichte. Es gibt keine Moral, es gibt kein Ende. Da ist nichts an diesem Geschriebenen. Selbst Menschen mit Schlafstörung würde ich empfehlen, machen Sie was anderes.

***

Spaßbremse

Sehr langatmig, verkopft und eine richtige Spaßbremse. Obwohl ich dicke Bücher liebe, ist die Sprache sehr eigen und »unrund«. Subjektiv ein Fehlkauf.

***

Qual

Da sind mir im Gegensatz zu den Protagonisten im Buch doch viele Rezensenten hier viel zu euphorisch. Ich schmettere diesen unsäglichen Lobeshymnen diametral entgegen: »Das Buch ist von A bis Z eine Qual.«[*] Die bandwurmlangen Schachtelsätze, mit ihren unendlich vielen Kommata, mögen David Foster Wallaces interpunktive Inspiration gewesen sein,[**] doch wirkte es auf unzulängliche Leser wie mich wie orthographische Diarrhö. Der Autor hat wohl tief in den ICD-10-Klassifikationen herumgegraben[***] und diese mit wild zusammengewürfelten WHO-DRL-Einträgen bzw. technischen Begrifflichkeiten kombiniert. So sollte der Anschein von literarischem Bildungsbürgertum vorgegaukelt werden. Wenn eine Fußnote fast die Länge eines Kapitels haben kann,[****] dann ist das für mich einfach nur albern. Eine halbwegs gute Geschichte kann ich in über 1500 Seiten nicht erkennen. Weder die Geschichte der Enfield Tennis Academy, noch die der Insassen des Entziehungsheims Ennet House, haben das Zeug zum Klassiker. Wenn hier Leser behaupten, nach ca. 250 Seiten wird es besser, dann halte ich nur dagegen »Wer's glaubt, wird selig. Wer's nicht glaubt, kommt auch in den Himmel«.

Kleiner Tipp: Wer Schlafstörungen hat, der kann das Buch getrost als Hypnotikum hernehmen. Zu Risiken und Nebenwirkungen lesen Sie diese Rezension und fragen Sie einen Doktor der Literatur (das ist der, der Bücher operiert) oder Bibliothekar.

* Auch wenn mir mein konfliktäres Geschreibe von vielen hier mit Daumen nach unten quittiert werden wird.

** Ich gebe zu, die Inspiration zu diesem Satz kam aus dem Buch »Das Labyrinth der Träumenden Bücher« von Walter Moers.

*** MedDRA von der MSSO könnte alternativ verwendet worden sein.

**** Fußnoten gehören in die Wissenschaft und nicht in einen Roman.

★☆☆☆☆
Virginia Woolf: Die Wellen

Verzweiflung

Vorsicht, ich oute mich hiermit als Banause.
Tatsächlich hat mir die Lektüre von »Die Wellen« fast schon physischen Schmerz bereitet. Irgendwann kam außerdem eine große Wut in mir hoch, jedesmal wenn ich den Namen Percival lesen musste. Den Namen nur zu schreiben, macht mich immer noch leicht aggressiv, jetzt, viele Monate nachdem ich aufgegeben, ein paar Verwünschungen auf einzelne Seiten geschmiert und das Buch auf ewig weggestellt habe.
Das ist meine ungeschönte Erfahrung mit »Die Wellen«. Trotzdem kann ich natürlich verstehen, wenn jemandem das Buch gefällt, nur für mich war es ein Graus.

★☆☆☆☆
Stefan Zweig: Angst

Angst?

Verheiratete Frau lässt sich auf ein Verhältnis ein und wird erpresst. Dieser Geschichte konnte ich nun wirklich nichts abgewinnen, auch wenn sie rundum gelobt wird. Statt einer anschaulichen Darstellung eines Ehebruchs mit Gewissensbissen las sie sich für mich fast wie ein Protokoll einer Gerichtsverhandlung. Nur Telegrammstil ist noch knapper. In keinem Moment fühlte ich mich in die Geschichte mit einbezogen und kam mir eher vor wie in einem Stummfilm mit Holzpuppen. Die Tatsache des Ehebruchs und der zugegebenermaßen geniale Schluss der Geschichte muss für Zweig im Vordergrund gestanden haben. Die Rahmenhandlung muss man sich selbst ausdenken. Sie ist zwar eindeutig, aber trockener kann man kaum schreiben. Die äußerst knappen Dialoge kann man praktisch an einer Hand abzählen. Von der lebendigen Wirkung, welche Zweigs Werken nachgesagt wird, sprang gar nichts auf mich über, so dass sich folglich in keinem Moment eine Nähe zu Frau Irene und den anderen Protagonisten für mich einstellte. Auch empfand ich weder Angst, die bedrohlich an mir empor und unter die Haut kroch, noch einen Nervenkitzel, der mich nachts wach hielt. Die schmucklose Sprache schafft eine Distanz, die mich sehr störte, und als Stilmittel verleiht sie der Geschichte weder Spannung noch haucht sie den Figuren Leben ein. Vor allem hätte ich mir eine nuancierte Ausleuchtung der Gefühle der Ehebrecherin gewünscht.

Ich musste bei dieser Novelle ständig an ein Bild denken, das ein Künstler zur freien Interpretation hinstellt. Literaturprofessoren werden bestimmt ihre helle Freude haben, damit ihre Germanistikstudenten zu testen. Ich selbst hab jedoch keine Lust, mir noch mehr aus den Fingern zu saugen, auf die Gefahr hin, als Banause zu gelten. Schade, der Stoff bietet sich nämlich für einen hochkarätigen Psychothriller an. Wenn jedoch früher so geschrieben wurde, bin ich froh, dass ich nicht in jener Zeit lebte, zu deren besten Repräsentanten man Zweig angeblich zählt. Zweig ist ein Magier der Sprache. Hier hat er sie weggezaubert.

Elias Hirschl, 1994 in Wien geboren, Autor, Musiker, Slam Poet. Zuletzt erschienen die Romane: *Hundert schwarze Nähmaschinen* (Jung und Jung, 2017), *Salonfähig* (2021) und *Content* (2024).